Chamán ante el fuego

Poesía

La memoria
(Una manera de medir el tiempo III)

Valentín Carcelén

ALBACETE 2025

Título:
La memoria (Una manera de medir el tiempo III)
1ª edición, abril de 2025

Dirección: Anaís Toboso & Pedro Gascón

© de la obra Valentín Carcelén
© de la imagen de cubierta Cecilia Jiménez Ferres
© de la fotografía del autor David Lillo
© de la edición Chamán Ediciones

Diseño: Chamán Ediciones
www.chamanediciones.es
Maquetación: Fernando Ordóñez
www.estudiocreatia.com
Impresión: Estilo Estugraf Impresores S.L.
www.estugraf.com

ISBN: 979-13-990098-5-9
D.L.: AB 251-2025
THEMA: DCF

Impreso en España

Índice

III

Canto final

La memoria
(Una manera de medir el tiempo III)

Para Patricia y Pilar,
mis hijas.
La medida de mi tiempo.

Hay un momento que no es mío,
no sé si en el pasado, en el futuro,
si en lo imposible… Y lo acaricio, lo hago
presente, ardiente, con la poesía.
No sé si lo recuerdo o lo imagino.

José Hierro

I

Yo edifiqué mi vida en otras palabras,
penetré en la memoria y en el tiempo
palabra tras palabra,
ceniza tras ceniza,
aire tan solo que al aire pertenece.
Yo edifiqué mi vida en el olvido.

Rafael Morales

Damnatio memoriæ

¿EN qué momento —no dejas de preguntarte—
empezaron a confundirse,
como un todo, en tu cuerpo y en tus días,
la pena por las pérdidas
y el perpetuo desánimo
que causa su recuerdo
con esta amargura, este ahogo
tan hondo, este pinchazo incandescente
en las entrañas, este dolor desconocido
que no es de carne y en la carne hurga,
que es de tiempo y no cede con el tiempo?

Continuamente te preguntas
si alguna vez las cosas
podrán volver a ser como eran antes;
hasta cuándo —te dices— va a seguir
el recuerdo de aquellas pérdidas
rompiéndote, mordiéndote por dentro,
haciendo de ti objeto permanente
de la desolación.

Y no encuentras respuestas ni consuelo;
acaso solo ha de valerte ya
la pretensión constante del olvido:
una pira ritual
en que hasta la consumación
ardiera la hojarasca descompuesta
de los otoños más crueles,
el milagro de un implacable
temporal que arrastrara de repente
los restos de un devastador
desastre hasta el principio
de una esperanzadora nada.

Cosas que hacer a los 58 años en situación de completa, reciente orfandad

SALIR a pasear. Solo, si puede ser.
Salir a andar al parque con el perro.
Salir a andar a los caminos
de las afueras. Solo o con el perro.
No llorar mucho en público,
o directamente llorar
todo lo que se pueda.
          Ver películas
intrascendentes, o de culto,
sin tomártelas demasiado en serio
ni analizarlas críticamente
y dejarlas incluso a medio
y no acordarte nunca
de terminarlas, y que no te importe.
Escuchar sin parar tu música de siempre,
hasta alcanzar el aborrecimiento.
Quedar con los amigos y aburrirte,
completamente abandonado
a la tristeza y al desconsuelo.
No poder dormir bien ni descansar
en mucho tiempo, como si las pérdidas
hubieran sucedido ayer, u hoy,
y así todos los días.
               Repetirte continuamente
que pudiste haber hecho mucho más,
que podrías haberles dedicado
más tiempo, y torturarte así día tras día,
cada hora, cada instante de la maldita vida.
No poder olvidar.
               No querer olvidar.

No saber de qué modo ser
el de antes.
   Descubrir al poco
que ya nunca más volverás
a ser el de antes, y después
darte cuenta de que no quieres
volver a ser el de antes nunca más.
Ir un día a la casa familiar,
vacía desde entonces,
y estar tranquilamente hablando
con ellos, del trabajo, por ejemplo,
o del tiempo, o de lo que sea,
como si nada hubiera sucedido
y siguieran aún aquí conmigo,
los dos, en su casa, la casa
familiar, y no hubiera sucedido
nada, y estuvieran aún aquí, conmigo.

Los amigos

¿Dónde encontraremos todo aquello
que éramos en las tardes de los sábados,
cuando el violento secreto de la Vida
era tan solo
una dulce campana enamorada?

Miguel Labordeta

¿DÓNDE están los amigos,
aquellos caballos salvajes
de los dieciséis años?
¿Qué delirios de novias primerizas
y música frenética
me los arrebataron entre el alcohol barato
y los fuegos artificiales
de un verano de fiestas hasta el alba?
¿Qué espesa niebla de años y reproches
nos confundió y nos dispersó después
en un babel oscuro de caminos contrarios?
¿Dónde estarán ahora? No recuerdo
si hubo algún dolor en la pérdida,
y no puedo decir, tanto tiempo después,
que los haya echado de menos
o los haya necesitado.
Hoy, sin embargo, sin venir a cuento,
me he acordado fugazmente
de ellos, de aquel verano.
¿Nos saludaríamos si nos viéramos hoy
entre la multitud, en cualquier calle
de esta ciudad en la que ahora vivo
y acaso también ellos?
¿Se acordarán también ellos alguna vez
—y con qué sentimiento—

de aquel lejano, último verano
en que tan solo nos unía
una insaciable sed de quemar cuanto antes
la gasolina de la juventud?

Las manos

Hoy reparo en mis manos.
¿Cómo podría haber tenido otras?
Son suficientemente imperfectas y plásticas
para superar sin necesidad
de ser feliz cualquier deje o afectación
de mis temores de estudiante.

Hoy, al levantarme, reparo
en ellas como nunca antes:
sin llegar a mirarlas, sin llegar
a notarlas: sin reconocerlas.
No han dejado huella en mi vida,
no representan nada
del bien o del mal en los sudores
de mis cíclicos años escolares.

Se describen limítrofes, ociosas,
angulares, urbanas.
Apenas han manchado alguna vez
la tinta con que escriben;
apenas duran en el aire
lo que tarda una idea
en desdecirse mientras habla.

El desgaste de las cosas

ESTAMOS investigando
las causas del desgaste de las cosas:
porqué los cuerpos solos palidecen
cuando no tienen nada más que hacer,
porqué, por inacción o indolencia, la carne
va perdiendo su agua
y consume sus propias fibras
en una ardiente noche inacabable
de fantasmas que nadie ha convocado.

Estamos estudiando si el desgaste
de las cosas tiene que ver
con la memoria que nos queda, ya
vacía de los dramas
y las músicas ancestrales
que nos completan como objetos repetidos,
o acaso con la destrucción
de nuestros paisajes interiores,
dibujados al sol de la costumbre.

Estamos explorando en las palabras
el motivo de tantas erosiones
consumadas, estamos valorando
si vale la pena seguir
convaleciendo en la ciudad fingida,
cansados del día a día de ayer,
hartos de la contradicción
del porvenir, analizando
los resultados de un estudio inútil
sobre las causas del desgaste
de las cosas.

Me pregunto por la lluvia

A veces, me pregunto por la lluvia.
Esta mañana, por ejemplo,
la observaba caer, descubriendo en el suelo
de siempre manchas, formas,
pequeñas grietas nuevas.
Y me preguntaba por ella.

Solo, en la calle, embelesado,
mirando al suelo,
                    yo quería,
saber más de la lluvia,
saberlo, a ser posible, todo, saber más,
como se quiere saber más
de un familiar cercano
del que, tras una larga ausencia,
acabamos de recibir noticias.

Yo he querido ver siempre
cómo es una gota, qué hay dentro
de una gota de agua,
cómo va construyéndose la lluvia
en las nubes hasta que cae
y se rompe delante de nosotros,
encima de nosotros, y nos deja
inmóviles, perplejos.

Y acerqué esta mañana el dorso de mi mano
mojada hasta mis ojos
para observar el tránsito del líquido
dentro de cada esfera transparente,
estudiar su dinámica interior
y comprender su mecanismo frágil
pero indestructible y eterno.

Y la lluvia caía sobre mí,
y no paraba,
                    y yo tampoco
paraba de hacerme preguntas,
como tantas y tantas veces
me he hecho preguntas y preguntas,
cuyas respuestas, en el fondo, nunca
he querido saber.

Terminando un examen

EXAMINÁNDOSE, las dos alumnas
se miran desde el fondo de la clase
y me miran buscando una respuesta.
La tarde está ya alta,
                declina el sol de otoño
y los tubos de luz causan reflejos
de quirófano en los cristales
de las ventanas, la pantalla gris
del ordenador apagado.
Escriben lenta,
                silenciosamente,
en el convencimiento
de que todo va a salir bien,
de que el tiempo y la vida
juegan a su favor,
                y aprobarán;
Escriben lo que creen que saben,
ajenas a cualquier indecisión
o inquietud, y cuando terminan
se levantan a la vez, mirándose,
cómplices, mientras recogen sus cosas
y, ya casi de noche, me entregan
los exámenes.
                En la despedida
sé que no hay equivocaciones,
que no hay nada que corregir,
que todo es irresolublemente
perfecto.

Y, casi por instinto,
yo me guardo muy dentro esos papeles,
como en secreto,
                          y salgo
lentamente del aula,
cada vez más cercado
de dudas y de soledades.

Toda la poesía

ToDA la poesía
no cabe en el océano,
pero toda la poesía
cabe dentro de un puño,
en un bolsillo, en un dedal.

Toda la poesía
excede el infinito,
pero todos los versos
de todos los poemas
están completamente dichos
en lo que dura un parpadeo.

Toda la poesía existe
como si no existiera nada más,
pero perfectamente podría no existir,
y nadie se daría cuenta,
y todo seguiría igual.

Toda la poesía
imagina un mundo distinto,
pero toda la poesía
se encoge frente al ideal paisaje
de los bosques reales y los valles.

Toda la poesía
celebra el ciclo de la luna,
la salida del sol y el rumor de la lluvia,
pero la poesía arde bien
y se consume pronto, y quema
la vista y la piel de la gente
que está cerca y quiere cambiar el mundo.

Canicas
(Curso 1978-79. *Antiguo Instituto de Casas-Ibáñez)*

A mí me ha sucedido muchas veces
ir caminando y encontrarme
de pronto una palabra que había dicho
hace tantos amores a estas horas,
hace tantos latidos y amarguras,
cuando la adolescencia.

Juan Antonio Muñoz Rojas

ESTOY estableciendo con las manos
medidas y distancias
entre el aire frío y la tierra húmeda,
en la tensión y el golpe
que ha de dejar la bola
justo ahí, a un palmo del gua.

Estoy estableciendo en el oído
minutos y distancias,
sobre el vocerío del patio,
entre el impacto del cristal
y el timbre que señala
el final del recreo.

Estoy estableciendo en la memoria
distancias y distancias
entre el tiempo y la nada, entre mis años
de ahora y el deseo, siempre vivo,
de una partida más,
aquel invierno, único y dorado.

Objetos perdidos

NUNCA buscamos bien
los objetos que damos por desaparecidos.
A veces aparecen inesperadamente
y, ya olvidados, no nos interesan.
                                    Otras
veces, una tarde en que estábamos
abandonados al descanso
o a una lectura ligera,
o durante un fin de semana
de tareas domésticas,
                        el azar nos entrega,
como regalos de un pasado
particular, aquel cuaderno
con notas entonces valiosas,
aquella prenda echada en falta
tanto tiempo, esa foto
añorada, dispersa entre papeles,
el disco aquel que acompañó imborrables
nostalgias de la juventud o un libro
que ansiábamos releer.
                        Y entonces todo acaba,
el círculo se cierra y, de algún modo,
nos completamos, y una calma plena,
desconocida, pausa
nuestros movimientos, y el tiempo
se contempla en nosotros,
y es como llegar, finalmente,
a un ansiado destino que —ahora lo sabemos—
estuvo siempre dentro de nosotros.

Los cines abandonados

maravillas del cine maravillas
de luz parpadeante entre silbidos
[...]
ríos de la memoria tan amargos

Antonio Martínez Sarrión

EN la desolación
de los cines en ruinas,
quedan aún, adivinados
entre la oscura atmósfera
de aire estancado y telarañas,
carismáticos gestos y miradas
de actores y actrices que un día
fueron famosos e inmortales;
piruetas, acrobacias, danzas mágicas
todavía trazándose en el aire;
olor a pólvora del último
disparo de un matón acribillado,
o el del fatal perfume de una rubia
peligrosa; está el eco de la música
de las grandes orquestas de metal;
está la polvareda de un ejército
avanzando hacia una derrota legendaria;
está la niebla, aún espesa,
que en cualquier callejón en blanco y negro
antecede a una muerte previsible;
el pan triste del hambre de todas las posguerras;
el tufo a alcohol de míticos borrachos,
y sus sentencias lapidarias
en la barra de un bar de madrugada;
está toda la vida que ha pasado
entretanto, y están las caras de embeleso
y fascinación de los niños
que éramos entonces.

Todos los pájaros

MERECEN un poema, otro poema,
los pájaros, todos los pájaros.
Si pudiera ser este.
Nunca se cansan y parecen
siempre alegres, felices,
y nos transmiten su alegría
con sus trinos indescifrables
y sus vuelos entre los árboles,
persiguiéndose, o en bandadas
huyendo del invierno
en su viaje hacia el sur.

Buscan entre nosotros algo,
siempre sin molestarnos, evitándonos,
sin pedirnos nunca nada.
Buscan algo que ni ellos ni nosotros
sabemos qué es, y tampoco
sabremos nunca si lo encuentran.
Si pudiera ser este,
si pudiera ser este su poema.

Merecen todas las palabras buenas
y toda la atención
que les podamos dedicar: madrugan
para explicar el aire
que luego respiramos,
mueren en paz total, sin hacer ruido,
y, en sus últimos vuelos,
nos envían mensajes
que nunca hemos podido descifrar,
mensajes de consuelo y alegría
que nunca lograremos descifrar.

Respiración

POR la noche, un minuto antes
de quedarme dormido,
escucho mi respiración.

No pienso en nada, no oigo nada más:
apenas me tiendo en la cama
y permanezco inmóvil, bocarriba,
noto dentro de mí fluir la sangre,
el aire silenciosamente
entrar en mi pecho y salir al poco
impulsado por una inercia
que no se siente ni se agota.

Y siento mi respiración sin mí,
ajena a mí, con vida propia, lejos
de mí, en el largo sueño
de la habitación confundida,
mientras me ahogo y me despierto extraño,
como el protagonista asesinado
al final de una historia predecible.

Estatuas de sal

A Maru

ESTE largo versículo es el camino que hemos recorrido
[juntos:
el corazón ingenuo,
insobornable, de la juventud;
las despedidas trágicamente
interminables, como
epitafios grabados en la luna;
los primeros regalos
—un disco de Aute, una bufanda gris,
unos guantes de piel, la última
novela de García Márquez—
encabezando el inventario
de bienes gananciales;
las cartas arrasadas
de lágrimas y arrugas;
las noches deseando
que nunca amaneciera.
Por tantas cosas que nos han pasado.
Por el largo camino a lo desconocido que tenemos
[aún que recorrer,
no paremos ahora,
no miremos atrás.
no vayamos a convertirnos
en estatuas de sal.

En el paso de cebra

I

ALGUNAS veces pasan estas cosas. Aparcas donde acostumbras, en el mismo lado del bulevar, bajo el mismo árbol, ya sin hojas, de siempre. Bajas del coche y, de camino al trabajo, te la encuentras ahí, tirada en el paso de cebra, chafada en un extremo, sin duda atropellada y abandonada en medio de la calle: una barra de pan que alguien, quizá por las prisas, perdió o no quiso recoger cuando acaso se le cayó de una bolsa de plástico escasa y frágil.

II

No recuerdas haber visto nunca antes una barra de pan entera y reciente tirada en la calle como ves habitualmente eso que llamamos «basura»: papeles y cartón, ropa o calzado viejo junto a un contenedor, un periódico de ayer, arrugado o rasgado, un paquete de tabaco vacío y pisado, o una colilla. Y por eso reparas en ello, piensas en lo extraño de la situación y vuelves la cabeza y la mirada hacia donde aún reposa la insólita barra de pan, y te quedas observándola y confirmas que es real, y que, en la parte no aplastada, está crujiente aún; por un instante haces ademán de recogerla, porque, no sabes por qué, no puedes consentir ver una barra de pan en el suelo. Pero no lo haces. Y sigues tu camino junto a las otras personas que cruzan con prisa el paso de cebra hacia sus trabajos, sus compras o sus ocios.

III

YA en el trabajo, te asalta varias veces, sin saber por qué, la imagen de la todavía dorada barra de pan, anónima y simbólica, sobre el asfalto, en mitad de la calle, caída por accidente o arrojada con rabia, y ahí abandonada; la visión de la gente pasando por encima de ella sin cogerla o retirarla. Al poco, piensas que el asunto no tiene mayor importancia; sabes que hoy una barra de pan vale muy poco o casi nada: un euro o menos. Te dices si acaso no le estás dando demasiadas vueltas a algo tan insignificante como doscientos gramos de agua, harina, levadura y sal. Y, al poco, y por un tiempo, te olvidas de todo y te ocupas de atender los correos y las tareas que tenías pendientes. Y terminas tu jornada, y sales del trabajo.

IV

DE camino al coche, cruzando el mismo paso de cebra, te la vuelves a encontrar, ya completamente atropellada por innumerables vehículos y apenas reconocible, pero casi en el mismo sitio. Solo tú sabes que era, que es, pan del día. Y conduces despacio hacia tu casa, aguantando tráfico intenso y música de radio que no te interesa, pensando en las cosas que tienes que hacer mañana.

II

Y yo me despierto vivo, aún sujeto a las horas
Y al retrato desenfocado de la filiación ciudadana;
Y me afeito y me baño y desayuno mi cuerpo,
Mi cuerpo aún vivo, tal vez milagrosamente vivo;
Y sigo el engranaje del día, como siempre
—trabajo, juntas, noticias, fiestas, amigos, gentes,
gentuza, (comidas, cenas…—
Para volver a enfrentarme con los muertos,
Quizás esa noche misma…

Joaquín de Entrambasaguas

En la calle

ESTO que me sucede es un poema,
poema intrascendente,
que tú no leerás nunca.
Tú vas junto a mí, cruzas el semáforo,
doblas la misma esquina
que yo y te pierdes en la cola
que espera un autobús hacia el silencio;
otras veces me ves en el mercado,
compramos casi el mismo medio kilo de fruta,
compartimos la barra en el café
y otra vez te despistas mientras pago.
Ayer, sin ir más lejos,
me saludabas en la sala
de espera del dentista.
Pero tú y yo, que tanto nos vemos,
sabemos que tú nunca leerás este poema,
este poema tuyo que me sucede a mí.

Poemas

Hay poemas que apenas son poemas.
No están escritos con cuidado,
ni obedeciendo al canon o a la moda,
o al dictado de la retórica,
sino con la caligrafía
urgente del dolor, con la prisa del miedo
de quien ya lo ha perdido casi todo,
con la desidia del que nada espera.
Son poemas sencillos,
en ocasiones infantiles,
vulgares, demasiado coloquiales
casi siempre, sin otra pretensión
que un momentáneo desahogo,
sin más valor que el del papel en blanco.
Poemas que no tratan bien
los tópicos de los poemas clásicos:
el paso atroz del tiempo;
la belleza que el paso atroz del tiempo
destroza, inexorable;
la irremediable muerte,
a quien solo un amor, siempre imposible,
es capaz de vencer;
el propio amor, lírico compañero
de las horas felices,
pero también capaz de arrebatarnos
en tan solo un segundo
toda la dicha de la vida;
la naturaleza —menospreciado
regalo de los dioses-;
los mismos dioses, con su doble juego
de promesas y amenazas.
Son poemas opacos, grises,
sin pasión ni aspavientos,

sin la chispa enajenadora
que da la adolescencia, ni la mesura escéptica
que la madurez proporciona.
Esos poemas, demasiado fáciles,
sin brillantes imágenes
ni metáforas rebuscadas entre
el sinsentido de la fantasía
o en el febril delirio de los sueños,
construidos con poco más
que el poso de una pena
y la palabra hablada de la calle.
Sí, esos poemas tristes
y oscuros como tardes de noviembre
en que salvo la lluvia nada puede ocurrir,
esos de humildes, apagados versos,
sin música ni rima,
mi métrica exacta, ni acertada
acentuación, de estrofas amorfas y azarosas.
Ay, esos poemas anónimos,
perdidos, olvidados
en el abismo de un cajón oscuro.
Esos que alguien, en noches de desvelo
y desolación, tuvo que escribir
para sentirse algo, para saberse alguien.
Los que nadie leyó jamás.
Los que nunca serán leídos.
Esos poemas, sin embargo,
aunque sea por ese instante,
¡cuánta luz pusieron allí
donde antes solo había sombras,
cuántos pulsos al muerto corazón,
tras el fracaso, cuánto ánimo,
cuánta serenidad tras la inquietud,
a lo insignificante, cuánto sentido dieron!

Siempre que me equivoco

SIEMPRE que me equivoco hay alguien solo
escuchando la música
que yo siempre he querido escuchar; alguien
andando torpe, muy despacio,
como con temor a perderse;
alguien hablando demasiado cerca
de mí, y no puedo oírlo. Siempre
que me equivoco hay alguien que me mira
con ojos de no haber dormido nada,
con ojos de no poder dormir nunca,
en la lejanía del mal,
con la dureza de la creación.

Y ahí estoy yo: contando los minutos
en la biblioteca, en el cine, el bar,
examinando mentalmente
la lista de la compra de mis últimos
errores, anotando referencias,
investigando los porqués, las fuentes,
estudiando la mejor forma
de salir del paso, compadeciéndome.

Siempre que me equivoco puede haber
alguien muerto escarbando entre sus restos,
buscándose la culpa,
y a veces resucita sin haberla encontrado
y la sigue buscando en los demás
hasta que se cansa y se muere otra vez,
perdiendo para siempre la razón.

Dioses

LOS que nacen para morir no saben
que unas palabras, en voz baja,
pueden cambiar el mundo;
otras, escritas en la historia,
se desvanecen como la bruma o la tiniebla
porque nadie las puede pronunciar
sin presentir mentiras.

Los que nacen para morir no saben
que hay carreteras, puertos que nos llevan,
sin retorno, a destinos que el temor
a lo desconocido nos negaba
en su día; hoy fundamos en ellos nuestras vidas
como si hubieran sido el único paisaje
de nuestra infancia.

Los que nacen para morir no saben
que hay alargadas horas de espera en que suceden
cosas que no esperamos y que dan
sentido a nuestra condición de humanos;
otras veces, inmóviles, impacientes y ciegos,
porfiamos en la ilusión terrible
de ser dioses en medio de este caos.

Un apunte sobre la amistad

EN el fondo de la amistad
quedan las cosas que no nos dijimos
nunca, los enfados que aun
sin mencionarlos sobrevuelan
las conversaciones, reproches
que todavía esperan una contestación,
y que ya no la tendrán nunca,
planes a medias que salieron mal
o que ni siquiera pudieron
llevarse a cabo;
                    todo arrinconado
por los años y la rutina,
y —seguro— también por el olvido.

Y, con todo, esa inclinación existe
e inexplicablemente va a más,
sin que sepamos qué la intensifica,
qué la construyó, qué la fortalece
contra el paso del tiempo y la costumbre,
sin que sepamos nada:
                    ni porqué
ni hasta cuándo va a ser así;
sin querer saber nada más.

Y no hay ni hubo intención
o deseo de ser amigos;
tampoco hubo ninguna conveniencia:
como un milagro escrito que no necesitábamos,
que no esperamos ni pedimos,
llegó, un día perdido en la lejana
juventud, para dar a cada uno
otro nombre, otra forma de saber
quién somos, y otra piel en que dolernos.

Estar mal

ESTA tarde hay, fácilmente, dos formas de estar mal.
Esta tarde, en el mes de julio,
ya entrada la segunda quincena,
en el pleno sofoco de una siesta
mal dormida y nostálgica,
solo veo tres formas de estar mal.
Me preocupa mi cuerpo, que envejece
por momentos y reacciona
con dolor y fatiga a cualquier cambio
brusco de posición o de temperatura;
me preocupa la rígida
escuela de mis articulaciones,
la progresiva pérdida de visión, y parece
que tengo cuatro formas de estar mal.
Querría saber más, haber hecho más cosas,
haber aprovechado
mejor el tiempo, algunas veces
desaparecer una noche
de este verano atroz en el que cuento
cinco o seis o más formas de estar mal.

Ítaca

HABRÁ que hablar de Ítaca.
Un día habrá que hablar de Ítaca.
Los poetas hablan de Ítaca.
Todos los poetas escriben
alguna vez algún poema sobre Ítaca,
y yo quiero ser un poeta.
Todos los poetas ofrecen
al menos una vez su versión personal
sobre el viaje de Ulises,
y reflexionan sobre los peligros del viaje,
sobre si vale o no la pena,
sobre la idea de que lo importante
no es llegar, sino el viaje en sí, y volver.
Todos los poetas conocen
las historias de Ítaca y los mares,
y sus protagonistas míticos,
y han escrito a lo largo de su vida,
al menos un poema
sobre Ítaca, sobre la analogía
entre el viaje y la vida
o sobre alguna de las muchas otras
enseñanzas que encierran
los 12.000 hexámetros del texto.
Todos los poetas han procurado,
original e inteligentemente,
interpretar y actualizar a Homero y la Odisea,
y yo, que también quiero ser poeta,
no sé qué más puedo decir
ni qué más se puede escribir
sobre Ítaca que no esté dicho ya.

Albada

ELEGÍ seguir viviendo
y me dibujé tres palabras
de alquitrán en el cielo de la boca.
Para que no se las llevara el viento,
palabras de plomo fundido
grabadas, como en una roca,
en el cielo de mi boca:
la primera es *ayer*, que ya se ha ido;
la segunda es *ahora*, este momento
que ya desaparece;
la tercera se llama *olvido*,
tres palabras que ya se está llevando el viento
mientras por fin me vence el sueño. Y amanece.

Poética I

POCA importancia tienen
las cosas de que hablo:
lugares más o menos
comunes, imposturas
para fingir, nada que a nadie
le pueda interesar.

Algunas veces pienso, sin embargo,
¿de qué escribir si no?
Y entonces tengo un frío inesperado
y desconocido en las manos,
o me sobresalta en exceso
la llamada de un número
oculto que no atiendo,
mientras va desplegándose
la película de la noche
delante de mis ojos
ardientes y cansados.

¿De qué escribir si no?
He reducido a polvo
los libros de la vida,
los debates de la consumación,
los cálculos perdidos
en que se descomponen
todos los poemas.

Fronteras

SIEMPRE hay una frontera:
al escribir, estoy estableciendo
una infranqueable frontera
de tiempo y de silencio
entre la noche y las palabras,
entre la existencia y el sueño,
entre la carne y las palabras,
entre el pasado y el deseo,
entre la luz, mi voz y las palabras,
entre la luz, mi voz y lo que veo,
entre las palabras y tú,
entre las ideas y el miedo,
entre las palabras y yo,
entre la muerte y el conocimiento,
entre la tinta y su significado,
entre expresión y pensamiento,
entre lo que dicen y lo que quieren
decir los versos.

El mismo mar

SE detienen a recoger
valvas vacías, separadas
de su par, semiocultas
entre la arena y los restos
de una tormenta no lejana;
buscan conchas y caracolas
que lavan en la espuma
de una ola que vuelve.

Se engañan con la misma luz.
¿Es éste el mismo mar?
¿Es éste su mar cálido y amigo?
El mismo mar de milenarias ánforas
y de cadáveres aún recientes,
el mismo mar de todas las islas conocidas,
el de todas las civilizaciones,
el de todas las odiseas,
el de todas las democracias,
el de tantas independencias,
de todas las tragedias
y de todos los mitos;
el mismo mar también
de todas las costas conquistadas,
todas las religiones y las guerras.

En cuclillas, ajenos a la historia
y al desastre, voltean con un palo
algún pez muerto, algas blandas,
plásticos como fáciles medusas,
el pantalón de un chándal
anónimo y de marca.
Al poco, sus padres tiran de ellos

y todos marchan fugitivos
hacia una carretera sinuosa
y alta entre viñas y olivares.

Dos rocas regulares

VOY a romper dos rocas regulares,
indistintas a simple vista,
mordidas por las erosiones
de millones de años e intemperies,
pero intactas en su morfología
y en su posición dentro del paisaje.

Violentamente las golpeo
con toda la energía que aún me queda
y apenas surte alguna esquirla
que cae cerca, y las golpeo ahora
una contra la otra,
aún con más fuerza, y poco o nada
cambia en ellas o en esta
mínima porción de tierra.

Al final, rendido, abandono,
y mientras oscurece pienso
que no sé bien si quiero o no que cambien
las piedras y el paisaje, tan maltratados ya
en el festín salvaje del camino.

La niebla

SIEMPRE nos olvidamos de la niebla.
Nunca la convocamos, nunca
la necesitamos.
        Y siempre
nos encuentra desprevenidos
cuando llega.
        No es buena compañera,
y solo nos merece palabras de desprecio.

Temprano, en las mañanas
de enero, la encontramos sola, dura,
inmóvil, como un animal perfecto,
esperando pacientemente
un cazador certero
o una lenta extinción.

Por la noche se cuela algunas veces
en las casas más descuidadas
y estudia la mejor manera
de tomar por sorpresa las ciudades.

Cuando desaparece, al fin,
vuelven a salir a la luz,
como inscripciones de un antiguo idioma,
las miserias de la rutina.

En la tibia mañana

En la tibia mañana de verano,
cuando salgas a pasear,
sorprende al saludable pájaro
que tan livianamente
se posa en la delgada rama
del árbol que ante ti está floreciendo.

Sorpréndelo antes de que huya
a otra alta rama de un cercano pino
o a las oscuras sombras de un olmo más allá,
antes de que tú y él
entendáis por qué estáis aquí.

Sorpréndelo y, durante menos de un segundo,
obsérvalo: es pequeño, oscuro,
brillante, eléctrico; se intuye
tan leve como el mismo aire o la luz
que irisa su plumaje;
parece frágil, débil, pero es veloz y ágil,
triunfador absoluto en su atmósfera.

Sorpréndelo y sorpréndete tú después,
entre el silencio y la quietud,
en la soledad de los árboles
y la paciencia de los animales,
que permanecerán ocultos
y callados hasta que no haya nadie.

Insomnio

¿Y qué decir ahora de la luna?
Esta mañana aún está posada
sobre los edificios
de enfrente.
          Ayer la vi salir
mientras pensaba este poema
y me sentía bien en la casa caliente,
en nuestra ciudad nueva,
amable, de edificios poco altos
que se abren al insomnio cada noche.

¿Qué decir de la luna ahora?
Como a través de un telescopio,
la miro, transparente en la mañana,
tan grande e irreal,
y ahí está, tan a mano
como los árboles o los semáforos,
y me gusta saber
que me vela y tiembla conmigo
cuando dudo, de madrugada,
qué palabras usar
para acabar poemas como este.

III

[…] desgracia de tener
memoria y más desgracia ese tiempo
que en vez de ser temblor y luz y aire
y breve roce se clausura como
historia, al fin sepulcro.

Francisco Pino

Poética II

Escribo
como quien da un portazo a su conciencia
y no da explicaciones ni a sí mismo.
Escribo como quien oye llover,
sin idioma ni margen para la comprensión,
con palabras de cieno o yedra que son fósiles
en el crepúsculo del subconsciente.
Escribo a contratiempo, en la anorexia
de los significados o los símbolos,
al dictado del eco umbrío del desánimo.
Escribo abierto a la ventana norte,
desde la que veo mi sombra fija,
cubierta de palomas, boca arriba,
atropellada en medio de la calle.
Adicto al azar, cómplice
inexplicable del invierno, escribo
para quien sé que no me va a leer.

Heridas

PARA la sangre todo es nuevo:
contempla, apenas brota,
la piel estremecida, el óxido
de la carne latente como un alma
enferma, y sabe que no volverá
a su raíz junto a los minerales,
al pálpito del agua o de la luz.

La sangre sigue su camino
perfecto entre los poros del sudor,
honda hasta los alvéolos
o las cavilaciones más remotas.

La sangre se detiene para siempre
en una corteza o ladrillo roto
y cincela un bajorrelieve
de animales muriéndose de miedo.

La sangre es sabia, y sabe
que ya no volverá
a su lugar de labios escondidos,
al hambre de sus órganos calientes,
y ocupa los espacios
vacíos en la indecisión
de las extremidades.

Estelas

ESTOY para comunicar.
Vivo despacio, como el astro
que dura y no sospecha que algún día
desaparecerá, y que estarán, durante
millones de millones
de años, vagando sus partículas
por infinitos agujeros negros,
los calendarios de la nada,
hasta encontrar en la intemperie
de la eternidad otras motas de polvo nómada,
y conformar con ellas otro astro,
y empezar otra vez a desaparecer
despacio, muy despacio, muy despacio
en la noche de lo ilegible.
Así, tan lentamente, lentamente,
yo también me voy apagando
junto a mis cosas quietas y calladas,
y voy dejando, entre los restos
de los que ya se han ido,
el rastro de mi propio tránsito:
estas cuatro palabras desgastadas,
en el vacío impresas.
Yo solo estoy para comunicar.
Por lo demás, no existo.

Encuesta

Es tan fácil morir.
Apenas vibra un pétalo temprano
o arrecia entre los dientes
la escarcha de la madrugada
y ya nos despedimos para siempre
de quien nunca nos ve marchar,
y ya queremos perecer
entre la nebulosa
del olvido o la indiferencia.
La huida es la pasión más cierta,
como la desaparición en medio de la calle
vacía o la locura cerca de quien nos ama.
Y quién nos ama, quién nos ama.
Los huesos arden y se quema el hierro,
la losa del deseo, y quién nos ama.
Si todo lo demás fuera tan fácil:
un rastro de animales escapando del fuego,
un rostro conociendo sus arrugas,
un lugar imperfecto en mitad de la nada,
una mente hurgando en su sentimiento.
Y quién nos ama. Quién.

Y si el amor

¿Y si el amor no fuera suficiente?
A medianoche, algunas veces,
te asaltan las preguntas.
¿Y si no fuera suficiente amar
y saber que te aman?
Entonces te levantas desvelado
sin saber dónde vas
y tientas las paredes y los muebles
para reconocerte en el lugar que habitas,
en la vida que llevas, en los deseos
que hasta aquí te han traído,
y tropiezas y caes en lo oscuro,
y, herido, te incorporas, despacio, procurando
no despertar a nadie más
en la casa latente y confundida,
y, ya totalmente despierto
por un dolor anónimo en todo el cuerpo, vuelves
a la cama, a la voz
insomne de la vida y los deseos.

Pérdidas

DE cada amor, espera alguna pérdida.
Dile adiós a tu corazón ileso,
al astrolabio que dormía
intocable en tus ojos,
al hijo que queríais tener tú
y tu soledad; dile adiós
a la sed y al licor helado de la infancia:
tu juventud será ahora tu tumba.
Hablarás del dolor como una forma
de vida al otro lado de la vida,
y querrás desaparecer
para no verte nunca más a solas contigo.
Amor, en cada amor, la muerte aguarda.

Elipses

EL odio condiciona el movimiento
de los astros; sus órbitas se rigen
por los principios físicos que impiden
que se encuentren si no es para estrellarse.
Parece que prefieran destruirse mutuamente
a seguir su camino y, acaso, alguna vez,
tocarse suavemente por las nubes,
y divergir, de nuevo, pero ilesos.
Esas elipses de la antipatía,
perfectamente irregulares,
matemática pura de la inexactitud,
son más humanas que nosotros:
más que un azar divino
o una ley superior a todo entendimiento,
se diría creadas por una inteligencia
mortal e insana, depurada en miles
de millones de años de rencor.

Estadísticas

solo canto mis problemas particulares,
mi espíritu, ilusión o no, particular -mis
goces particulares, mis dolores particularísimos.

Juan Eduardo Cirlot

NUNCA he considerado que soy una persona
más entre miles de millones,
y no me agrada ni me desagrada,
ni me preocupa ni me tranquiliza.
Sé que me postro, arrodillado,
y ninguna oración
acude a mi llamada, sé
que me despierto sobresaltado
y escarbo entre mis pesadillas
como quien busca algo
aprovechable en los contenedores:
¿qué salvar de la noche rota,
qué recuperar de entre los escombros
de mi mente asaltada?
Nada: esta es una más
entre millones y millones
de anónimas historias
que quieren cuanto antes
dejar de doler.

Otra vez el otoño

YA está aquí otra vez el otoño,
tan adelantado este año
que ya parece pleno invierno.
Los cuerpos están largamente
preparados y resignados
tras el hartazgo cruel del verano sin límites.

La luz de la mañana a primera hora, blanca,
se opaca muy despacio en la fría memoria
del calendario y la costumbre.
Y la infantil mirada, fija y húmeda,
como de un animal doméstico, se encierra
en la sumisión de las familiares
ventanas perseguidas por el vaho.

Es la terrible aceptación
de lo inevitable, la vida
que se nos va, esperando
los pájaros negros de octubre,
la silenciosa escarcha de noviembre,
los pasos encharcados
hasta más allá de la linde
crepuscular de las afueras.

El pueblo enterrado

EN el pueblo enterrado
las pisadas huyen, fanáticos
amoríos se recuperan, odres
vacíos aúllan en cámaras
abandonadas a la ruina,
visillos se agitan aún
tras las ventanas sin cristales.

Huye, huye de la escuela tú también,
huye del orden alfabético,
del inútil depósito legal,
del tañido estéril, las partituras.
No hallarás calor en esa memoria.

Comprar

CASI siempre hago listas de la compra
y casi nunca compro más
de lo que hay en la lista.

Suelo llevarme algunas bolsas
de casa para reutilizarlas.
Pago con tarjeta de crédito
y a veces me entra sueño
cuando regreso con las bolsas llenas.

Procuro encontrarle sentido
a otra mañana en el supermercado
y hago especulaciones
sobre el tiempo que hará después.

Regreso cansado y vacío las bolsas.
Coloco cada cosa en su cajón,
estantería, armario, o en la correspondiente
bandeja del frigorífico.

Y existo luego en la cocina,
inmóvil, silencioso, rodeado de cosas,
como un producto más.

Hacer canciones

HACER canciones con el alma rota.
Hacer canciones en los días fríos
en que nuestras palabras desconocen
nuestra voz.

Hacer canciones con la boca seca
o con la lengua muerta. Con la piel
de la espalda, los pies, la otra mitad
de las vísceras.

Hacer canciones sin apenas fe
o con toda la fe; hacer canciones
con la motivación de la tristeza,
o sin motivación.

Hacer canciones sin saber cantar
o sin querer cantar, o sin poder
cantar. Solo querer desesperados
hacer canciones.

Hacer canciones solos, recreándonos
en la soledad, sin escribir nada,
sin memorizar nada, sin oír
nada dentro.

Y luego, sin querer, que las canciones
salgan solas, que estén abiertas al
tráfico mientras suenan y curamos
nuestras heridas.

Visión

SE cómo entran los muertos en las casas.
No entran como polillas o desgracias;
no como enfermedades o parientes lejanos:
una noche irrumpen en nuestra
vigilia, se acomodan
entre los almohadones y se instalan,
campan a sus anchas entre nosotros
sin darnos cuenta; al levantarnos,
están ahí, en nuestro salón,
ocupando el sofá como si fueran
miembros de la familia
o amigos invitados al café.
Conviven con nuestras miserias
y, por un instante, disfrutan
de nuestras alegrías.
Los muertos hunden sus raíces
en el humus de la memoria
familiar: cuántas veces
los hemos confundido
con nosotros, los menos muertos.
No olvidaremos la tristeza
con que nos mira el hueco de sus ojos
el día en que también
nosotros nos morimos para siempre.

Pesadilla

CREÍ que estaba muerto,
la muerte dormida a mis pies,
el pijama sudado, una vela encendida
sobre la cómoda. Mi cuerpo
ha ido deteriorándose
mientras la vida fluye por el mundo
y acentúan el cielo
las mismas golondrinas de todos los veranos.
Creí que moría en la tierra,
como un olivo sin raíces
que no deja caer las hojas
secas ni la simiente,
y había un agua honda
o un éter funeral
filtrándose en mis órganos,
y me quitaba el soplo de la vida
y me lo devolvía, ya vacío.
Creí morirme para siempre,
y estaba solo, y en la habitación
madrugaban las larvas
en el silencio de todos los sueños,
y era otra vez verano,
y yo sudaba entre las uñas
de algún demonio anónimo.

Certeza

ERA verdad la nada.
Alguien que no soy yo duerme en la casa.
El granito de su respiración
pesa en el aire, ahoga mi descanso
y se deshace
en el silencio de la medianoche.
Unos pasos que no son míos
se acercan al sofá donde me escondo,
disperso, ausente, desganado,
y se paran junto a mis zapatillas,
desparecen cuando los miro.
Si el reloj señalara alguna hora,
no estaría en la esfera conocida;
espejos, lámparas, metales
no devuelven más luz
que el fondo del pasillo, tan lejano.
Hay un dolor de astros
bajo los techos, una depresión
de telarañas
abandonadas desde siempre.
Sigo solo, y la nada
es más cierta que nunca.

Canto final

PORQUE estás aquí, muerte, yo te canto.
Porque estás aquí y sé que no te irás
hasta que yo me muera, yo te canto.
Porque estás en la tierra donde bebe,
harto de escarchas y cortezas,
mi corazón; en el mar desbocado
de duelos donde el corazón naufraga;
porque estás en la sombra
y en la luz que nos nombra, yo te canto.
Porque estás en la música
triste, antigua, que amo,
en estribillos largos de pasión,
en la voz del silencio, en el idioma
del dolor, que es el mío, yo te canto.
Porque estás en la carne inmortal del deseo,
en el deseo eterno de la carne
y en el poema que celebra ambos,
y porque estás aquí,
mientras dura el poema, yo te canto.

Cuando ha desaparecido todo, queda todo.

Francisco Pino

Nota y agradecimientos

Con *La memoria* culmina la trilogía *Una manera de medir el tiempo*, tras *El momento* y *El pasado*, ambas publicadas también en Chamán Ediciones, en 2019 y 2024, respectivamente.

Antes de su publicación definitiva, *La memoria* fue entregada en sucesivas versiones a mis amigos Ángel Aguilar, Mercedes Avilés García, Ángela Campos Segura, Mar Cuenca Martínez, Carlos Culebras Morote, Sara Monsalve y Pablo Pérez Avilés para que fueran sus primeros lectores y críticos. Me satisface especialmente agradecerles aquí su tiempo, su compromiso y sus inteligentes comentarios y sugerencias, que tanto han mejorado estos poemas.

Para Anaís Toboso y Pedro Gascón, editores entregados de Chamán Ediciones, solo tengo palabras de gratitud por la confianza y la acogida que han dado a esta trilogía poética. Que la profesionalidad, el gusto —acaso debilidad— por la literatura, y la paciencia con que se desempeñan sigan acompañándolos a lo largo de este viaje apasionante entre autores, libros y lectores.

La memoria
(Una manera de medir el tiempo III)
de
Valentín Carcelén
se terminó de imprimir el 19 de abril de 2025.
No se sabe muy bien el día exacto,
pero en el mismo mes, y en 1807,
el escritor alemán Jean Paul le confesaba a
E. T. A. Hoffmann:

La memoria es el único paraíso
del que no podemos ser expulsados.

***

Esta edición consta de 300 ejemplares

Chamán ante el fuego (Poesía)

1. *Desde el mar a la estepa (Antología de poetas del sudeste español)*
2. *Rocinante*, Alfred Corn (antología bilingüe inglés / castellano)
3. *Volvimos a escuchar ese adagio de Mozart*, Guillermo Samperio
4. *El libro blanco*, Augusto Rodríguez
5. *Exhumación de la fábula*, Javier Bello
6. *Las lágrimas de Chet Baker caen a piscinas doradas*, Abel Santos (2ª edición)
7. *Hierofanías*, Alfredo Rodríguez
8. *Breve historia del circo*, Pablo Cerezal
9. *Miguel Hernández. El que no está*, Sergio Delicado (2ª edición)
10. *Pólvora en el sueño*, Miguel Ángel Velasco
11. *Las mudas soledades*, Pedro Gascón
12. *Celebrad los días. Poesía Completa*, Sergio Algora
13. *Labor de melancoholismo*, Toni Montesinos Gilbert
14. *Con todo este ruido de fondo o El imperio de las luciérnagas*, Vicente Velasco Montoya
15. *Vigía de tu paso*, Pilar Blanco Díaz
16. *El paso que se habita*, Esther Peñas
17. *Latido izquierdo*, Rubenski Pereira
18. *Animal fabuloso*, José Óscar López
19. *También vivir precisa de epitafio. Antología poética (1983-2017)*, Javier Sánchez Menéndez
20. *Teimosa maré / Terca marea*, Manuel Neto dos Santos (edición bilingüe portugués / castellano)
21. *Abril en los inviernos*, Nicolás Corraliza
22. *Refugio en el vuelo*, Pedro Sánchez Sanz
23. *Hasta que nada quede (Poesía reunida 1978-2019). Volumen I. Obra publicada*, José Antonio Martínez Muñoz
24. *Digterne / Poetas*, Pejk Malinovski (edición bilingüe danés / castellano)
25. *El momento (Una manera de medir el tiempo I)*, Valentín Carcelén
26. *La luz de lo perdido (Antología poética 1976-2020)*, Javier Lostalé
27. *Yo escribo la noche*, Pilar Blanco Díaz (Premio de la Crítica Literaria Valenciana 2021)
28. *De lo terrible*, Ana Martínez Castillo

Chamán en su senda (Narrativa)

Chamanes en trance (Didáctica)

Chamanes, a escena (Teatro)

www.chamanediciones.es